仓颉日记

汉字由来

HANZI YOULAI

刘金柱 王强军／主编
杨清臣／编著

人类活动

北京理工大学出版社
BEIJING INSTITUTE OF TECHNOLOGY PRESS

前言

学汉字，就要懂汉字——懂汉字的由来，懂汉字的深意，懂汉字的演变，这样才能事半功倍。为了帮助小读者学汉字、懂汉字，河北大学“汉字小行家”教学科研团队特意编写了本系列图书！

河北大学“汉字小行家”教学科研团队成立于2016年。自成立之日起，团队的汉字“大专家”们就开始致力于教“小学生”如何学好汉字，将大学课堂中的中国优秀传统文化和汉字知识带入中小学生课堂，让它们在孩子们心中生根发芽，让孩子们不再死记硬背，而是在趣味中探究中国汉字！为了实现这个目标，老师们进校园，开课堂，研发线上教学，并编制了学习材料。本系列图书就是教研团队24位专家历时两年，三易其稿，献给孩子们的优秀汉字学习读本。

《仓颉日记——汉字由来》专为4~8岁的孩子编写。编者精心选取汉字，与孩子一起探究汉字来源，讲述汉字的故事，总结其中的规律。全系列图书依据孩子的认知发展规律分为6册，依次为《人体》《家庭》《自然》《动植物》《器物》和《人类活动》，分别引导孩子学习相关汉字及知识。选字按照由易到难的顺序，从象形字逐步过渡到指事字、会意字、形声字。

为了让孩子喜欢读，热爱学，我们借中国神话中汉字的创造者“仓颉”之名，虚构了仓颉和童子这样一对师徒，将师徒间有趣味的对话和极具中国传统风格、富有童趣的绘画相搭配，为孩子们引出了汉字的起源与演进过程。需要说明的是由于汉字是逐渐完善的，并非一蹴而就，所以图文中涉及的部分内容会超越画面中人物所处的时代背景，望读者理解。

若您对本套丛书有任何建议，欢迎联系我们。我们会持续努力，为读者奉上更优秀的作品！

目录

本书使用说明

标题 告诉大家，今天我们要学什么字。

师徒趣味问答 仓颉与童子一问一答，以极其幽默的对话形式，风趣地揭示了汉字的来源。

古体字展示 以目前能考察到的最早字形为例，如最早字形为甲骨文，此处即为甲骨文字形，若最早字形为金文，则此处为金文字形，以此类推。

字形演变 从古至今，汉字字形和写法发生了很多变化，这里展示了该汉字甲骨文、金文、篆书、隶书、楷书的演变过程，如果相应字形处出现“？”，表示此字形尚不明确。

19. 多、肴

童子：师父，今天午饭好多（ ）肉啊，真是美味佳肴（ ）呀！

仓颉：今天过节，部落里给每家都分了肉。

童子：大家分的都一样吗？

仓颉：不一定，大壮爸爸在捕猎时立下了功劳，大首领就多给他分了一块作为奖励。

童子：哦，师父，我提前写完作业能不能得到奖励啊？

仓颉：当然，我会让你阿爸好好奖励你的！

构成汉字的图形 终于被你发现啦，我就是你扫二维码找到的那个汉字！

我叫“仓颉”，与神话传说里“造字”的那个先贤同名！虽然我不是神仙，但是我也精通汉字的起源和造字方法。在本书中，我负责带童子和小朋友们一起学汉字！

创作说明

本书假借仓颉之名，虚构了仓颉与童子这两个人物，旨在通过他们的日常对话讲解汉字的起源与演变过程。由于汉字是逐步完善的，并非一蹴而就，所以图文中涉及的部分内容会超越画面中人物所处的时代背景，望读者理解。

二维码

扫一扫，可以**听**到仓颉和童子的对话，也会**看**到故事中讲的那个字到底**隐藏**在画面的哪个角落！

仓颉大神提高班

这里是汉字的发展、演变及延伸。这些汉字现在还在用吗？它们和最初的样子一样吗？答案在这里。

1. 休、仙

童子：师父，快看，山那边是不是有一位仙（ ）人？

仓颉：仙人？哪里有？

童子：就是那边山坡上，靠树站着的那个人！

仓颉：那是一个靠在树边休（ ）息的人。

童子：师父，我想去山里，成为一名仙人。听说仙人种田不会累，还能飞跃高山呢！

仓颉：行！仙人吃的是露水，喝的是风。你去做仙人，家里好吃的我就都给大壮了！

童子：师父，我还是留在家里吧！

仓颉大神提高班

“休”“仙”都是以“亻”为部首，含有这个部首的字通常与人相关。“休”指人在树边休息；“仙”指神话中住在山里并且能长生不老的人。

2. 噪、嚣

童子：师父，我睡不着！

仓颉：平时都午休，今天怎么睡不着了？

童子：外面树上那么多小鸟，叽叽喳喳，噪（）声太大了！师父，您怎么也没睡着啊？

仓颉：我听到外面有人在叫嚣（），被吵醒了！

童子：有人在叫嚣？！糟了，昨天大黄在家门口拉大便，师娘让我收拾，我忘记了！

仓颉大神提高班

“噪”“嚣”都含有“口”部，表示与声音有关。“噪”的原意是指栖息在树上的群鸟的鸣叫声，“嚣”指吵闹、喧哗。

3. 谣、讯

童子：师父，为什么人们都说谣（）言是黄鼠狼传的？

仓颉：因为传说黄鼠狼很狡猾，爱说谎话。

童子：人类就不会说谎吗？

仓颉：人也会说谎，所以对骗子要严加审讯（）！比如，要把他们的手给捆起来，要……

童子：捆起来？呜呜呜，不要啊！

仓颉：咦？你哭什么？

童子：师父，我认错，昨天我撒谎了，那个鸡蛋是我吃的，不是大黄吃的！

仓颉大神提高班

“讯”“谣”都以“讠”为部首，含有“讠”部的字多与说话有关。“讯”的甲骨文字形右边是双手被反绑的人，表示被讯问；“谣”指假话。

4. 闻、声

童子：师父，我不明白“听”和“闻”（）有什么差别。

仓颉：“听”比较普通，就像你现在听到了我说话的声（）音。

“闻”是一个人竖着耳朵集中精神去听，还是不一样的。

童子：我可不会竖耳朵，只有兔子听到声音才会做那个动作呢！

甲　金　篆　隶　楷

仓颉大神提高班

“声”“闻”的甲骨文字形都含有“ ”（耳），表示它们都与声音有关。“声”在演化过程中，省略了耳的部分；“闻”的甲骨文字形看起来像一个人跪坐着竖起耳朵去认真倾听。

5. 画、书

童子：师父，您看，上面是用手拿着笔，下面是花纹和线条，这就是“画”（）字。

仓颉：正确！

童子：“书”（）字上面也是手拿着笔，只不过下面是文字。

仓颉：正确！

童子：那么师父，您有没有发现这两个字有个共同点？

仓颉：什么共同点？

童子：不管是书写还是画画，都需要有一支好笔啊！师父一定也想给我买一支吧？

仓颉：这次，不正确！

仓颉大神提高班

“书”“画”都需要用手拿笔，这两个字的甲骨文字形中都能看出一只手拿笔的样子。“画”最初的意思是规划田界，后来引申为画图等意思；“书”原意是书写，后来引申为书籍、书信、书法等。

6. 举、奉

仓颉：徒儿，你跟小花在树上干吗？你们手里举（）着什么呢？

童子：师父，小鸟掉下来了，我们想把它放回去。

仓颉：嗯，好孩子！为师刚刚捡了些草，现在奉（）献下爱心，给小鸟搭个稳当的窝吧！

童子：师父，小鸟是用树枝搭窝的！

仓颉大神提高班

“举”的古体字形是手举起东西的样子，原意是托举，后来引申为举荐；“奉”的古体字形是手里捧着草，后来加了“扌”，用“捧”字来表示这个意思，现在“奉”字已经不表示捧的意思了。

7. 拔、扶

童子：师父，大首领力气真大！

仓颉：怎么啦？

童子：我亲眼看见他把一棵树连根拔（）起来了。

仓颉：为师也可以呀！

童子：您？上次您种完树还是我把您扶（）回来的呢！

仓颉大神提高班

“手”演化出了“扌”这个部首，含有这个部首的字大多与手及手部动作相关。“扶”“拔”都含有“扌”，“扶”原意为搀扶；“拔”最初指拔出，后来引申为选拔等意思。

8. 采、舀

童子：嗡嗡嗡，我想变成一只小蜜蜂。

仓颉：那就去森林里采（）集果子吧，像小蜜蜂一样！

童子：嗡嗡嗡，懒得动。

仓颉：小蜜蜂最勤劳了！要不，你去把石臼里的东西舀（）出来吧！

童子：要干这么多活！那我不当小蜜蜂了。

仓颉：你要学习蜜蜂勤劳的品质啊！总想着偷懒怎么行？罚你今天下田除草！

童子：啊？师父，我还是去采果子吧！

仓颉大神提高班

“采”“舀”都含有“爫”这个部首，含有这个部首的字大多与手及其动作有关。“采”表示采摘，“舀”指用瓢、勺等器物取物的动作。

9. 忠、志

童子：师父，怎样才能成为一名英雄？

仓颉：首先，要有一颗正直的心，也就是“忠”（）。

童子：这样就能成为英雄吗？

仓颉：还不够，人心中还应该有坚定的意愿，也就是要有“志”（）。

童子：唉，看来我做不了英雄了。

仓颉：为什么啊？

童子：因为做英雄对心的要求太多了，我还小，心还没准备好呢！

仓颉大神提高班

“忠”“志”都含有“心”部，含有这个部首的字多与思想、感情等有关。“忠”本意是“尽心竭力”，引申为忠诚、忠厚。“志”表示志气和志愿。

10. 恒、惜

童子：师父，什么是永恒（ ）？

仓颉：你看外面的月亮总是挂在天地之间，那就是永恒。

童子：那什么叫作痛惜（ ）呢？

仓颉：如果月亮不见了，夜晚天空变得昏暗，人们对月亮的感受就叫痛惜吧！

童子：没有月亮不是还有火把吗？

仓颉：又贫嘴，罚你明天不许吃鸡腿。

童子：不要啊，心好痛！我懂了！

仓颉大神提高班

“恒”“惜”都以“忄”为部首，表示与心理活动有关。“惜”原意指心疼，后引申为爱惜、吝惜。“恒”的古文字形早期像月亮的形状，表示天地之间的“月”是恒常不变的存在，后来字形中出现了“心”变成了“恒”，指恒心。

11. 步、先

童子：师父，今天一会儿工夫，我跑出去八百步（）远呢！

仓颉：我看着呢，没有八百步，只有四百步！不要吹牛。

童子：怎么会？

仓颉：一只脚迈一次叫一跬（kuǐ），两只脚各向前迈一次，才叫一步。你少了一半呢！

童子：哦！那也没关系，除了跑得远，我还跑得快！我比大壮先（）到达终点的呢！

仓颉：真是自我感觉良好啊！

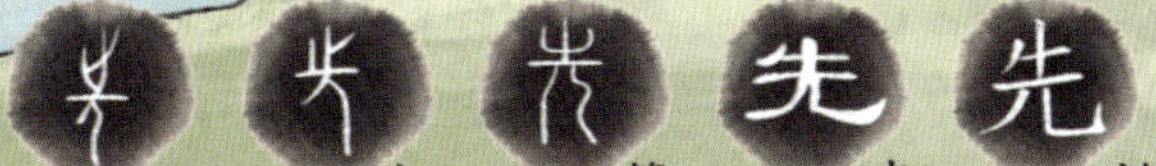

仓颉大神提高班

“步”与“先”的甲骨文字形中都含有“ㄓ”，表示与人走路相关。古人说的“步”与现代人说的“步”不是同一个意思，古人说的“步”是两只脚各向前迈一次，现代人说的“步”指一只脚向前迈一次，在古语中称为“跬”。

12. 出、回

仓颉：徒儿，快从山洞里面出（）来！快！

童子：师父，好不容易找到一个有趣的地方，你就让我多玩一会儿吧！

仓颉：别玩了！这山洞不知是什么动物的家，万一它回（）来了，会有危险！

童子：动物出去找吃的了，不会很快回来吧？

仓颉：动物们觅食不一定走得很远，有时会围着自己的洞穴来来回回地走，被它发现就麻烦了。

童子：等它发现了再跑也不迟吧？

仓颉：这若是黑熊的洞穴呢？它跑得不比你慢！

童子：哦，师父，咱们还是快走吧！

仓颉大神提高班

“出”的甲骨文字形是一只脚走出洞穴的样子。“回”最初表示循环反复、周而复始的意思，后来引申出“回来”的意思。

13. 企、走

仓颉：徒儿，你堵在大门口翘首企（）盼什么呢？脚后跟抬得那么高！

童子：师父，大首领带人去山上打猎，去了一天了。我好想尽快看到他们的战利品啊！

仓颉：你是想尽快分到战利品，晚上吃好吃的吧？

童子：师父，不要把我说得这么馋！再说，您在这里等什么？

仓颉：我……走（），走，师父带你去村口等！

仓颉大神提高班

“走”的甲骨文字形是人迈开大步跑的样子，“企”的甲骨文字形上面是表示人的“亻”，下面是表示脚的“止”，像是人抬起脚站着的样子，表示远望、盼望。

14. 逮、逸

童子：师父，中午咱们吃兔肉吧？

仓颉：好啊。不过，兔子在哪儿呢？

童子：现在我就去逮（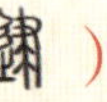）一只来。

仓颉：你抓得住吗？

童子：很容易，上次我就一把抓住了兔子的尾巴！

仓颉：可最后它不还是从你的手里逃逸（）了？

童子：要不您亲自动手？

仓颉：哦，算了吧，还是你去吧！

仓颉大神提高班

含有“辶”部的字通常表示与“走”的动作相关的意思。“逮”的古体字形右边是一只手抓住一只尾巴的样子，左边表示跑，指经过追赶后捉住或试图抓住。“逸”的古体字形右边是兔，左边表示奔走，本意是逃跑。

15. 行、街

童子：师父，这个字不用您教我就认出来了。

仓颉：噢？什么字？

童子：行（）进的“行”字！

仓颉：聪明，为什么呢？

童子：这个字看上去像是有四个方向的街（）道都可以走呢！

仓颉：对，像是个十字形的路口。

仓颉大神提高班

“行”的本意是道路，与路有关的字很多以“彳”为部首，如彼、往、街、征等。

16. 衣、裁

童子：师父，我抓住了一只山鸡。

仓颉：太好了，晚上可以加餐了！你是怎么捉住的？

童子：它吃东西的时候，我悄悄找了件衣（）服，一扑，就把它盖住了！

仓颉：衣服？是谁的衣服啊？

童子：咱家院子里晾的衣服……

仓颉：啊？那是你师娘新给我裁（）的。你居然……你给我站住！

童子：师父饶命！

仓颉大神提高班

“衣”是象形字，表示上衣。“衣”衍生为“衣”部，含有“衣”部的很多字与服装相关，“裁”表示裁剪衣服的动作。

17. 裕、初

仓颉：徒儿，你师娘给你做了件新衣服。

童子：太好了！谢谢……师父，这件衣服为什么这么大啊？

仓颉：就是稍微肥了一点而已！

童子：一点？我感觉它宽裕（）得能装下整个山谷，根本没办法穿啊！

仓颉：想当初（）你师娘给我裁的衣服，瘦得根本让人穿不进去！你这还算好的！

童子：师父，那后来您让师娘改衣服了吗？

仓颉：没有！我减肥了！

仓颉大神提高班

“衣”衍生出了“衤”，含有“衤”部的字多与衣物有关。如文中的“初”指用刀裁制衣服，表示开始，引申为做事情的开始。此外，还有袖子的“袖”、被子的“被”等。

18. 夕、名

童子：师父，什么是一朝（zhāo）一夕（）？

仓颉：朝，就是早上；夕，就是傍晚。

童子：难怪“夕”字和“月”字很像呢！

仓颉：晚上天色暗，看不清人，记得跟人打招呼要先报自己的名（）字。

童子：这是为什么啊？

仓颉：不报名字，万一被当成坏人可是会挨揍的！

仓颉大神提高班

“夕”的甲骨文字形很像月的甲骨文字形，本意是夜晚。“名”由“口”和“夕”组成，因为晚上看不清，为了让对方知道自己是谁，就必须告诉对方自己叫什么。

19. 多、肴

童子：师父，今天午饭好多（ ）肉啊，真是美味佳肴（ ）呀！

仓颉：今天过节，部落里给每家都分了肉。

童子：大家分的都一样吗？

仓颉：不一定，大壮爸爸在捕猎时立下了功劳，大首领就多给他分了一块作为奖励。

童子：哦，师父，我提前写完作业能不能得到奖励啊？

仓颉：当然，我会让你阿爸好好奖励你的！

仓颉大神提高班

远古时代，肉是珍贵的食物，两块肉就是“多”。在汉字演变中“月”旁与“肉”旁混淆，所以一些含有“月”旁的字的意思也与肉相关，比如肴、背、肩等。

20. 邑、邦

童子：师父，什么是“邑”（）？

仓颉：就是人们聚在一起生活的地方。

童子：那什么是“邦”（）呢？

仓颉：国与国之间都有边界，“邦”最初就是建立土地边界的意思。后来……

童子：师父，我有个问题！邦怎么就是边界呢？

仓颉：去边界看看，你就会发现那里有很多树，那就是“邦”。

童子：哦！用树当边界……我明天就在我家和大壮家中间种上树！

仓颉：为什么？

童子：我们闹别扭了。我要跟他划清界限！

仓颉大神提高班

“邑”的甲骨文字形下面是跪着的人形，上面表示人所居住的区域，后来它演变为“阝”（右耳刀）。“邦”的古体字含有“邑”，“邑”演变为“阝”后，就成了现在的“邦”字，引申为邦国、国家的意思。

21.罗、罩

仓颉：徒儿，你在院子里摆那么多网做什么？

童子：师父，我要布下天罗（）地网，捉住昨天偷吃我午饭的那只麻雀。

仓颉：捉住它你要怎样？

童子：我要把它罩（）在网里，让它再也不能偷吃我的饭了。

仓颉：你布下这么多网已经把它吓怕了，它哪里还敢偷吃你的饭？

仓颉大神提高班

“网”衍生出部首“罒”，含有这个部首的汉字基本与网相关，例如署、罪、罚等。

图书在版编目（CIP）数据

汉字由来. 人类活动 / 刘金柱，王强军主编 ；杨清臣编著. -- 北京 ：北京理工大学出版社，2019.7（2020.8 重印）

（仓颉日记）

ISBN 978-7-5682-7074-8

Ⅰ. ①汉…　Ⅱ. ①刘…　②王…　③杨…　Ⅲ. ①汉字-字源-儿童读物　Ⅳ. ①H12-49

中国版本图书馆CIP数据核字(2019)第092635号

出版发行 / 北京理工大学出版社有限责任公司
社　　址 / 北京市海淀区中关村南大街5号
邮　　编 / 100081
电　　话 / （010）68914775（总编室）
（010）82562903（教材售后服务热线）
（010）68948351（其他图书服务热线）
网　　址 / http: //www.bitpress.com.cn
经　　销 / 全国各地新华书店
印　　刷 / 雅迪云印（天津）科技有限公司
开　　本 / 710毫米×1000毫米　1/16
印　　张 / 3
字　　数 / 60千字
版　　次 / 2019年7月第1版　2020年8月第3次印刷
定　　价 / 28.00元

责任编辑 / 高　坤
文案编辑 / 高　坤
责任校对 / 周瑞红
责任印制 / 施胜娟

图书出现印装质量问题，请拨打售后服务热线，本社负责调换